AF499793

L'Abbé Ch. de LESTANG

LE SILLON

Réplique à la seconde brochure de M. l'abbé Barbier

AU SILLON POITEVIN
31, Rue Carnot, Poitiers

1906

PRÉCISIONS NÉCESSAIRES

M. l'abbé Emmanuel Barbier vient de publier une nouvelle brochure contre le Sillon. Il importe donc pour en finir une bonne fois avec ces discussions un peu byzantines de préciser très nettement les points en litige. Bien entendu les idées sont seules en cause. Nous nous occupons très peu des attaques personnelles qu'on dirige contre nous n'ayant jamais eu l'outrecuidante prétention d'être impeccables ou infaillibles, c'est pourquoi, nous n'avons jamais porté, non plus, nos ripostes sur ce terrain où la critique ne signifie pas grand'chose, mais où elle est toujours facile puisqu'il n'y a pas d'hommes sans défaut. En discutant dans " Au Large ! " les accusations portées contre le Sillon par M. l'abbé Barbier, j'ai eu soin d'éviter toute vivacité de langage comme toute allusion blessante, et cette attitude m'a été d'autant plus facile que j'ai le plus grand respect pour son intelligence et pour son caractère. Cela ne m'a pas empêché de me déclarer étrangement surpris de rencontrer sous une plume sacerdotale la condamnation de notre théorie sur la solution du conflit entre l'intérêt général et l'intérêt particulier par l'action surnaturelle du christianisme.

En écrivant cette phrase je n'ai dirigé aucune imputation de parti pris, de mauvaise foi ou de haine contre l'ancien recteur du collège de Poitiers, j'ai simplement apprécié une de ses affirmations doctrinales, ce qui était absolument mon droit. J'ai d'autant moins lieu de regretter aujourd'hui mon appréciation que dans son nouvel écrit : Le Sillon, qu'a-t-il répondu? l'abbé Barbier abonde dans mon sens. Il reconnait avec moi que la théorie exposée dans "Au Large !" est tout-à-fait orthodoxe et qu'aucun catholique ne peut y relever quoi que ce soit de contraire à la foi, il se borne à répondre que ce n'est pas cette théorie qu'il avait condamnée, mais une autre toute différente, qui serait celle de Marc Sangnier. Comme je crois connaître assez bien, et en tout cas mieux que des hommes étrangers à notre mouvement, ce que pense le Sillon et ce que je pense moi-même, il me semble que j'étais tout-à-fait en droit de prendre comme une attaque contre notre véritable doctrine, ce qui, paraît-il, visait sous son nom une théorie fantastique que personne, parmi nous, n'a jamais professée, et puisqu'on veut bien reconnaître qu'il serait étrange qu'un prêtre critique la thèse exposée dans " Au Large ! ", il ne faut pas être étonné que je l'ai précisément écrit, puisque j'avais tout lieu de croire que c'était cette thèse qu'un prêtre critiquait.

En tout cas, cette appréciation doctrinale ne ressemble ni de près ni de loin à une attaque personnelle et n'aurait pas dû fournir à M. l'abbé Barbier l'occasion de se plaindre de nos procédés de polémique et de me rappeler au devoir de la charité que, dans cette circonstance, je ne crois pas avoir méconnu.

— Donc il s'agit exclusivement d'une question de doctrine. Nos idées sont-elles conformes aux enseignements de l'Eglise ou ne le sont-elles pas? Puisque toute l'argumentation de M. l'abbé Barbier tend à présenter le Sillon comme un péril pour la foi, une distinction essentielle s'imposait dans ses ouvrages. Il aurait dû séparer clairement ce qu'il nous reproche au nom de la théologie de ce qu'il nous reproche au nom de ses opinions philosophiques ou de ses préférences politiques.

Il est bien évident, en effet, que tous ses griefs ne sont pas inspirés par des inquiétudes dogmatiques. Quand, par exemple, il nous suspecte d'orientation socialiste, et qu'il en donne pour preuve que nous ne professons pas une admiration sans réserve pour les syndicats jaunes, je suis bien sûr qu'il n'a pas l'intention de transformer l'admiration pour les syndicats jaunes en article de foi. Puisqu'il y a ainsi dans les brochures de M. l'abbé Barbier des accusations qui procèdent de préoccupations théologiques, et d'autres qu'inspirent uniquement des préjugés sociaux, il aurait fallu distinguer profondément ces deux genres d'objections et dire : Voilà ce que je dénonce au nom du Credo menacé ; voilà ce que je critique dans mon indépendance de penseur et de citoyen.

En mêlant au contraire, tous les griefs, en confondant tous les raisonnements, on jette une équivoque dans l'esprit des lecteurs. La thèse générale qui se dégage des opuscules de M. l'abbé Barbier, c'est que le Sillon suit une voie dangereuse pour l'intégrité des croyances ; c'est d'ailleurs le motif, hautement avoué, de son intervention. Or, parmi ses arguments, il en est plusieurs qui, même tenus pour vrais, ne permettent pas du tout d'aboutir à cette conclusion. La plupart de ceux qui les liront et qui les approuveront ne se contenteront pourtant pas d'y puiser la justification d'une divergence individuelle avec nos amis, ils en concluront, purement et simplement, sans restriction que M. l'abbé Barbier a raison et par conséquent que le Sillon est bien un péril pour la foi puisque c'est justement ce qu'il s'agissait de démontrer.

Si M. l'abbé Barbier a l'intention de continuer la campagne bien inutile qu'il a entreprise contre nous, espérons tout au moins qu'il distinguera désormais très catégoriquement ce qu'il attaque au nom du catholicisme, de ce qu'il attaque en son nom personnel. La clarté du débat ne pourra qu'y gagner, et la bonne foi des âmes simples ne risquera plus d'être surprise par une argumentation spécieuse.

LE SILLON ET LES ÉVÊQUES

Que faut-il penser des cinq approbations épiscopales autour desquelles M. l'abbé Barbier mène une si bruyante réclame ! Il y a là une question de principe et une question de fait.

En droit il s'agit de savoir si les doctrines du Sillon ont été blâmées par l'autorité ecclésiastique ?

L'opposition de cinq évêques n'entraine certainement pour nos convictions ni la note d'hérésie, ni celle de témérité, ni même celle d'improbabilité. Nous sommes ici dans le domaine des questions libres, il n'est donc pas étonnant que des divergences s'y produisent parmi les fidèles et même parmi les évêques. Dans chaque camp on peut se féliciter d'avoir avec soi des prélats éminents, mais pas plus dans un camp que dans l'autre on ne peut considérer l'adhésion de ces prélats comme un monopole d'orthodoxie. Les évêques ne sont pas infaillibles et quand bien même M. l'abbé Barbier pourrait publier en sa faveur un plus grand nombre de lettres épiscopales, cela ne nous enlèverait pas le droit de conserver nos idées tant que ces idées sont bénies par d'autres évêques et permises par le Pape.

A cette affirmation déjà émise dans "Au Large", M. l'abbé Barbier répond simplement ceci :

« Le devoir du catholique ne se limite pas à croire le dogme; sans être hérétique, on peut tomber en beaucoup d'erreurs; le jugement de l'Eglise appelle l'enquête et la discussion préalables. — Si le Sillon veut être en droit de repousser le reproche de libéralisme, il lui faudrait des principes moins hésitants. » (1)

C'est tout : comme réponse on peut trouver que cela ne précise peut-être pas suffisamment la portée que M. l'abbé Barbier entend donner à ces lettres épiscopales. En tout cas, nous n'avions pas besoin de cette remarque pour savoir que le devoir du catholique ne se limite pas à croire ce qui est défini sous peine d'hérésie, mais nous persistons à penser que le Pape est le gardien des croyances qu'il s'agisse du dogme ou des vérités non définies ex cathedrâ, et nous affirmons encore que tant qu'il approuve et permet, nous nous sentons en parfaite sûreté de conscience même si quelques évêques blâment nos tendances.

---

1) Le Sillon. . Qu'a-t-il répondu ? page 11.

En principe, les cinq lettres qui ont approuvé la brochure : Les Idées du Sillon, nous laissent incontestablement le droit de conserver des opinions que le Pape connaît, qu'il permet, et dont il a béni la propagande. Aucun catholique ne peut penser le contraire, et cela suffit à réduire à son exacte importance un incident que M. l'abbé Barbier a démesurément grossi et dont il a voulu tirer des conséquences doctrinales et obligatoires que cet incident ne comporte pas.

— Donc en principe, la question reste libre. Toutefois y a-t-il *en fait* dans le corps épiscopal un tel courant de défaveur contre les idées du Sillon qu'il en résulte au moins une présomption grave d'erreur, en présence de laquelle il serait prudent d'arrêter notre marche.

Cinq évêques ont approuvé M. l'abbé Barbier. C'est peu, d'autant plus que ses critiques ayant défiguré nos doctrines, le blâme se trouve atteindre des théories très fausses mais qui ne sont pas les nôtres. C'est ce que Marc Sangnier faisait remarquer dans une lettre au *Journal d'Albert*.

« ..... rien ne sera plus consolant pour nos amis que de constater par un exemple frappant sur quelles erreurs matérielles s'appuyaient les critiques que l'on nous fait. *De la sorte, ils comprendront mieux comment il peut se faire que, mal informés trois ou quatre évêques aient pu s'alarmer des progrès du*

Sillon, se voyant dans la très cruelle nécessité de se séparer de tant d'autres cardinaux et évêques qui ne cessent de nous encourager, et de donner même un démenti aux espérances que le Pape formulait il y a quelques mois. L'auguste pontife, écrivait en effet le cardinal Merry del Val à l'archevêque de Paris, ne doute pas que l'exemple de la faveur de Votre Eminence aura pour effet de concilier à l'association du Sillon la bienveillance et la faveur des autres illustres membres de l épiscopat français. »

M. l'abbé Barbier qui cite cette lettre la fait suivre des lignes suivantes :

« Pense-t-on que la manifestation de la bienveillance du Pape pour une œuvre catholique, suspende la mission qu'ont les évêques de relever, de signaler les erreurs de ses membres, surtout si elles s'affirment comme une doctrine ? Il n'y a que les libéraux pour concevoir un tel absolutisme, bien entendu à leur profit. »

Cette réflexion nous montre une fois de plus la singulière tournure d'esprit qui pousse M. l'abbé Barbier à défigurer les idées de ceux qu'il combat, ce qui d'ailleurs facilite sensiblement son travail de réfutation. Quel lecteur impartial trouvera en effet dans la lettre de Marc Sangnier, je ne dis pas l'énoncé formel, mais simplement l apparence de cette prétention : que les félicitations accordées au Sillon enlèvent aux évêques le droit de critiquer ses doctrines. Constater que ceux qui blâment sont en désaccord avec ceux qui félicitent et chercher l'explication de ce désaccord, ce n'est pas tout-à-fait la même chose que de refuser le droit de blâmer.

M. l'abbé Barbier peut se tranquilliser : nous reconaissons parfaitement aux évêques le droit de critiquer le Sillon, même après les nombreuses félicitations que nous avons reçues, mais nous pensons que les évêques qui nous encouragent sont également dans leur droit, qu ils ont, eux aussi, quelque valeur, et méritent quelque déférence.

A cela l'ancien recteur du collège Saint-Joseph répond : Mes cinq approbations, ça compte beaucoup ; les vôtres bien plus nombreuses ne valent rien, parce qu'on y loue seulement votre bonne volonté et pas du tout vos idées. C'est une façon de raisonner un peu enfantine et presque injurieuse pour le Pape et les prélats qui nous ont maintes fois bénis.

Quand des hommes dépensent sans compter leur vie toute entière à une œuvre qu'ils croient utile, on conçoit parfaitement que leurs supérieurs puissent tempérer les reproches mérités, en raison du zèle et de la bonne foi. Mais si les doctrines sont vraiment dangereuses, si les tendances sont réellement mauvaises, le Pape et les Evêques auront assez conscience des devoirs de leur charge, pour ne pas multiplier les bénédictions en faveur d'une tentative d'autant plus pernicieuse que les qualités mêmes de ses apôtres la rendraient plus séduisante pour les foules simplistes et les âmes généreuses.

Evidemment nous ne prétendons pas pour cela qu'en nous encourageant le Pape et les évêques ont voulu consacrer doctrinalement et imposer aux fidèles nos opinions politiques et sociales. Marc Sangnier l'a affirmé très haut, dès la première heure, avant toute attaque, en sorte qu'on ne peut pas supposer qu'il ait produit cette affirmation pour les besoins de la cause, ce qui serait d'ailleurs souverainement injurieux pour son indiscutable et chevaleresque loyauté.

Nous disons simplement, qu'en nous félicitant et en nous bénissant, le Pape et les évêques témoignent que notre mouvement ne leur cause pas d'inquiétudes, que nos idées leur paraissent conformes à l'enseignement de l'Eglise, ils le témoignent non pas, par un jugement doctrinal et infaillible, mais par une affirmation personnelle de confiance qui a bien autant de valeur et de portée que la défiance manifestée par cinq évêques.

Au reste les extraits suivants permettront de voir que ces approbations ne sont pas l'eau bénite de cour à laquelle M. l'abbé Barbier voudrait assez peu respectueusement les réduire, mais qu'elles sont au contraire, très précises et très nettement motivées.

Rome, 17 décembre 1902.

Il m'est très agréable de vous faire savoir que *le but et les tendances du Sillon ont hautement plu à sa Sainteté.* Pour cette raison, Elle bénit de tout cœur les efforts que les membres de cette œuvre entendent faire pour promouvoir le véritable esprit catholique dans le sein de la société et Elle en espère le succès désiré.

Cardinal RAMPOLLA.

C'est sur l'ordre de sa Grandeur que je viens vous dire qu'à l'Archevêché d'Albi on suit avec un intérêt profondément sympathique, cet effort de jeunes, qui paraissent *animés d'un esprit à la fois si libre et si spontané, et cependant si parfaitement chrétien.* Chrétiens, d'ailleurs, s'ils le sont à ce point et de façon si pure et probablement si féconde en heureux résultats pour l'avenir, n'est-ce pas précisément parce qu'ils entendent l'être avant tout, l'être simplement et absolument, et que, par là même, ils sont libres et affranchis de toute sujétion doctrinale en politique qui chercherait ses éléments en dehors du christianisme !

A ce point de vue, leur attitude mériterait l'attention, je dirais volontiers l'admiration car c'est une attitude vraiment nouvelle pour les catholiques de ce pays ; on peut se demander pourquoi, étant si simple, elle a été prise si tard, et encore par un si petit nombre ; de plus, après l'échec de toutes les autres, il est doux de penser qu'on peut mettre en elle ses espérances.

Louis Birot.
Vicaire Général.

Rome, 6 avril 1904.

Le Saint Père, informé du Congrès du Sillon qui aura lieu à Périgueux le 9 de ce mois m a confié le soin de faire connaître à votre Seigneurie Illustrissime et Révérendissime qu'il suivra les développements de ce congrès de ses vœux ardents pour sa réussite et pour l'obtention du noble but qu'il se propose. *Sa Sainteté s'est complu à encourager les sages initiatives du Sillon* et, dans l'espérance d'en voir toujours les bons résultats au service de la religion pour le réveil de la foi et des sentiments catholiques, Elle a béni de grand cœur Votre Seigneurie et tous ceux qui assisteront aux séances du susdit congrès.

Cardinal Merry del Val.

On vous a parfois reproché, Messieurs, (mais ce n'est pas moi qui voudrais souscrire à ce reproche), l'ampleur de votre tolérance vis-à-vis de doctrines qui ne sont pas les vôtres, ou d'hommes qui ne marchent pas sous votre bannière. J'estime avec vous, Messieurs, que votre tolérance n'est pas seulement charité : elle est sagesse. Laissez aux doctrines contraires toute liberté de se produire dans vos pacifiques tournois. Vous y cueillerez au passage ce qui est bon : ce sera un gain. Vous y frapperez au vol, par une réfutation alerte et sans réplique, ce qu'il y aura d'erroné : ce sera un autre gain. Quant aux hommes, ne les traitez jamais en ennemis ; n'érigez pas en système le doute sur la sincérité de vos contradicteurs, et songez quelquefois que, pour être assises sur des bases ruineuses, leur conviction et leur hostilité trouvent peut-être leur explication (je ne dis pas leur justification) dans le spectacle d'abus trop véritables, dans la constatation d'injustices sociales trop réelles, sur lesquelles nous n'avons pas le droit de fermer les yeux et dont nous avons le devoir de chercher le remède.

(Mgr Foucault)

(discours prononcé le 22 mai 1904 à Epinal)

Périgueux, le 30 juillet 1904.

Mon cher Monsieur Sangnier,

Je ne vois pas d'inconvénient à ce que vous parliez de tout ce que j'ai fait dans mon diocèse en faveur du Sillon, surtout si cela peut contribuer à accentuer l'estime que j'ai pour cette œuvre et pour vous.

Votre but est, je le sais, de faire servir la France par de généreuses jeunes âmes auxquelles vous assurez une foi pure par la soumission filiale au Pape et la grâce par le culte de la Sainte Eucharistie. Un tel programme ne peut mériter que les plus chauds encouragements, tout en donnant pour l'avenir les meilleures garanties.

Ce sont ces principes si nettement et si fièrement proclamés par vous et par toute votre vaillante jeunesse du Sillon qui m'ont toujours porté depuis vos premiers jours d'existence jusqu'à l'heure présente à vous accorder mon appui, sans compter.

J'ajoute que si malgré votre pur Credo catholique et dans le feu et les poussières de la bataille quotidienne pour Dieu et pour sa France aimée, vos chers petits soldats du Christ viennent à se heurter contre quelque rare pierre d'achoppement où à tomber en quelque imperfection de détail, vous ne devez ni vous en effrayer, ni vous en décourager. Si l'Eglise ne voulait à son service que des impeccables et des infaillibles, elle devrait sur l'heure se déclarer vaincue et renoncer à la lutte.

Il suffit pour nous tranquilliser, nous, vos chefs de vous voir TELS QUE VOUS ÊTES *des fils confiants et dociles du Pontife Romain et des Evêques.* Cette sage et surnaturelle déférence nous donne la certitude qu'à l'heure du danger, un signe de l'un quelconque de vos Pères dans la foi aura la vertu de vous sauver de l'erreur et de vous garder dans la vérité.

✝ DELAMAIRE,
Evêque de Périgueux et de Sarlat.

... laissez-moi vous dire que nous vous aimons, et que désormais chacun de vous pourra nous considérer *non pas seulement comme un Père, mais comme un ami.*

Nous nous réjouissons *du bien que vous faites* et de celui que vous ferez encore, avec la grâce de Dieu en étendant vos rangs et en exerçant parmi vos compagnons d'âge, d'étude, de profession qui ne sont pas des vôtres un apostolat vraiment fécond.

... *Ne craignez pas si vous êtes encore peu nombreux. Restez fidèles à votre bannière* et la promesse de l Evangile s'accomplira en vous, et vous régnerez. « Nolite timere pusillus grex quia complacuit Patri vestro dare vobis regnum. » Ne craignez pas, petit troupeau, car il a plu à votre Père de vous donner son royaume.

Ne vous laissez pas décourager si tous ceux qui professent les mêmes principes catholiques ne s'unissent pas toujours avec vous dans l'emploi des méthodes qui visent un but commun à tous et que tous désirent atteindre. Les soldats d'une puissante armée n'emploient pas tous les mêmes armes ni la même tactique; tous cependant doivent être unis dans la même entreprise, maintenir un esprit de cordialité fraternelle, et obéir promptement à l'autorité qui les dirige... »

Discours de S. S Pie X... 11 septembre 1904

Nous avons signalé à nos lecteurs les critiques dont le *Sillon* a été l'objet de la part de l'abbé Barbier dans sa brochure : les *Idées du Sillon.* Il est juste que nous mentionnions l'article que vient de publier en réponse à ces critiques M. l'abbé Desgranges. Il semble bien que *cette réponse est péremptoire et remet les choses au point en montrant que les reproches qui sont adressés à l'œuvre de Marc Sangnier ne sont pas fondés et qu'ils ne reposent que sur des malentendus provenant d'un examen trop rapide ou de certaines idées préconçues...*

(Note de la Semaine Religieuse de Mende, communiquée directement au Sillon par Mgr Bouquet.)

M. l'abbé Barbier a vraiment dépassé la mesure dans ses critiques contre Marc Sangnier qui ne sont pas toujours suffisamment justifiées. *Il lui fait parfois, un grief de ce qui est, au contraire à sa louange, par exemple, lorsqu'il lui reproche de cingler certains conservateurs jouisseurs qui considèrent la religion uniquement comme le rempart de leur fortune* et se désintéressent lâchement des graves devoirs que leur impose l'état actuel de la société. »

(*Lettre de* Mgr de PÉLACOT,
évêque de Troyes, à l'abbé Desgranges.)

Concluons donc : en droit, les idées du Sillon n'ont été frappées d'aucun blâme doctrinal au nom de l'Eglise, elles restent donc absolument permises ; en fait les approbations venues du Pape et des Evêques ont autant de portée que les blâmes et sont incomparablement plus nombreuses.

LA MÉTHODE DU SILLON

Dans sa première brochure l'abbé Emmanuel Barbier dénonçait la méthode éducative du Sillon comme extrêmement périlleuse. Avec beaucoup de bon sens il montrait combien il est extravagant de lancer des jeunes gens dans l'examen des problèmes les plus ardus de la philosophie ou de l'apologétique religieuse, sans les guider dans ce labeur par des principes solides et en laissant au temps, aux circonstances et à la vie le soin d'éclairer leur intelligence et de rectifier leurs idées.

Nous sommes tout-à-fait de cet avis, et c'est pourquoi l'abbé Desgranges établit dans sa réponse que si nous laissons aux évènements le soin de préciser les détails des solutions économiques, nous orientons, au contraire, nos études politiques et sociales dans un sens très nettement déterminé par nos doctrines démocratiques, après nous être inspirés des enseignements de l'Eglise dans l'examen des questions religieuses. M. l'abbé Barbier prend acte de cette rectification de l'abbé Desgranges, il constate en outre qu'à Limoges on suit cette méthode très sage et qu'on appelle même des spécialistes pour guider les jeunes dans leurs débats et les préserver de toute erreur comme de toute témérité. Après une telle constatation, il semble que M. l'abbé Barbier n'avait plus qu'à reconnaître qu'il avait mal compris les idées du Sillon, qu'il avait confondu la méthode des réalisations pratiques avec la méthode de formation morale et religieuse, et à retirer en conséquence toutes les critiques injustes que cette confusion lui avait inspirées.

Au lieu de cela, M. l'abbé Barbier conclut ainsi :

« M. l'abbé Desgranges cite en exemple l'organisation du travail au Sillon Limousin, la création qu'on y a faite d'une école de conférenciers. Là, dit-il, on appelle des spécialistes, théologiens ou professeurs d'histoire, pour donner aux jeunes gens des cours sur les questions qui reviennent le plus souvent en conférence publique.

C'est un heureux désaccord entre les théories et la pratique.

S'il devient universel, ce sera beaucoup.

Il ne restera qu'à rayer les faux principes inscrits dans la Revue. »

Nous pouvons affirmer de nouveau, 1° que ce qui se passe au Sillon Limousin n'est pas en désaccord avec nos principes, mais en est une très rigoureuse application. 2° que cette façon d'agir n'a pas à devenir universelle parmi nous, attendu qu'elle constitue déjà la règle suivie dans tous nos groupes d'études ; 3° qu'à cet égard il n'y a donc pas de faux principes à rayer de la Revue parce qu'on n'y trouvera rien de contraire à cette méthode de travail.

LE SILLON ET LA DÉMOCRATIE

A propos de notre définition de la démocratie, M. l'abbé Barbier écrit ceci :

« M. l'abbé Desgranges, après avoir exposé la conception démocratique du Sillon, s'exprime ainsi :

M. Barbier critique cette définition faute peut-être de l'avoir suffisamment comprise. Elle nous paraît à nous renfermer l'essence même du concept démocratique, elle a l'avantage d'être dépouillée de tout sens nuisible et faux, et d'englober dans une même formule le point d'où nous partons et *l'idéal vers lequel nous tendons*. Elle implique à la fois que le peuple possède le pouvoir, mais qu'il lui importe de s'élever sans cesse à un sentiment plus généreux et plus éclairé de sa responsabilité.

Pour une fois, nous voilà, je crois d'accord : la définition que M. Sangnier nous donne n'est pas réelle, mais *idéale*. C'est ce que j'ai dit.

Quand on aura reconnu que cette définition n'est qu'une conception de l'esprit, qu'au lieu de dire *la démocratie est...*, ce qui, en français, et selon la logique s'entend d'une réalité, il fallait dire : *une conception de la démocratie serait...*, personne n'aura plus rien à objecter. » (1)

1) Pages 16 et 17.

N'en déplaise à M. l'abbé Barbier, je trouve qu'il n'est pas du tout d'accord avec l'abbé Desgranges. Dire qu'une personne tend à la conquête d'un certain idéal, ou qu'un moyen est employé pour atteindre certain but, ce n'est pas déclarer que cette personne est une conception de l'esprit, ou ce moyen un rêve de l'imagination, c'est proclamer leur réalité positive. *Pour se diriger vers un idéal, il faut d'abord exister*. Affirmer que la démocratie nous oriente vers un certain idéal, ce n'est donc pas dire *ce qu'elle serait*, mais au contraire *ce qu'elle est*. C'est préciser sa nature, c'est rendre claire et intelligible la définition vulgaire : *gouvernement du peuple par le peuple*, car c'est expliquer qu'un peuple n'est pas une cohue quelconque, et que l'anarchie ne constitue pas un gouvernement. Notre définition de la démocratie n'est donc pas en contradiction avec la définition habituelle, elle l'explique, la complète et la délimite en montrant qu'il n'y a vraiment gouvernement du peuple par le peuple que le jour où il y a une organisation sociale qui tend à porter au maximum la conscience et la responsabilité des citoyens.

La définition de Marc Sangnier n'est donc pas *idéale* mais *réelle*, elle n'indique pas ce que la démocratie serait, elle explique ce qu'elle est, en disant vers quel idéal elle veut diriger les hommes. Il en est de même du christianisme ; le Christ nous a dit : *Estote perfecti, sicut Pater vester cœlestis perfectus est.* Cette perfection divine est un idéal vers lequel nous tendons, mais que nous n'atteindrons jamais complètement, puisque nous ne pouvons pas devenir égaux à Dieu. De ce que le christianisme consiste à tendre vers un idéal, M. l'abbé Barbier n'en conclut certainement pas que la vie chrétienne est une chimère de l'esprit, et qu'elle n'existe pas réellement.

Quand un bateau quitte nos côtes françaises pour se diriger vers quelque île lointaine de l'Océanie, il marche, lui aussi, vers un but éloigné qu'il n'atteindra qu'au bout d'un long voyage. Est-ce à dire qu'il n'existe pas, tant qu'il n'y est pas parvenu ?

Une fois de plus nous constatons donc que M. Barbier a commis un contre-sens en expliquant la pensée de l'abbé Desgranges, ce qui lui a permis de s en faire une arme contre notre définition de la démocratie.

Il n'est pas nécessaire de s'étendre longuement sur la solution que nous donnons au conflit qui peut s'élever entre l'intérêt individuel et l'intérêt général, puisque M. l'abbé Barbier reconnaît lui-même la parfaite orthodoxie de notre thèse. Il suffira de dire que cette thèse n'est pas spéciale à "Au Large !" ou à quelque Sillon de province, mais qu'elle est bien celle de tous les sillonistes et de Marc Sangnier. C'est vraiment un étrange procédé, lorsque nous exposons nos idées, de venir nous répondre : c'est très bien ce que vous dites, seulement ce n'est pas ce que pense le Sillon, ce n'est pas ce que pense Marc Sangnier. Franchement, nous qui vivons cette vie intime du Sillon, nous avons tout de même quelque raison de dire que nous sommes mieux placés que des adversaires pour interpréter la pensée de Marc Sangnier et pour connaître les doctrines qui inspirent l'action de nos camarades.

Quoi qu'il en soit, il est inutile de reprendre une démonstration à l'évidence de laquelle M. Barbier rend hommage. Deux observations toutefois paraissent indispensables pour prendre sur le vif les procédés grâce auxquels on travestit nos idées.

On nous prête d'abord cette affirmation, pour le moins exagérée qu'il y a un universel conflit entre l'intérêt général et l'intérêt particulier. Voilà certes une question qui ne nous a jamais préoccupés.

Que le conflit soit plus ou moins universel, cela importe très peu, ce qui importe, c'est de savoir comment le résoudre dans les cas où il se manifeste. Personnellement je ne me suis jamais soucié de mesurer l'extension de ce conflit, et si je n'ai fait aucune distinction ou restriction à cet égard, comme M. Barbier me le reproche dans une note, c'est que je m'occupais uniquement d'indiquer la solution du conflit, *quand il existe.* C'est le seul point intéressant : les monarchistes tirant de ce conflit leur principale objection contre la démocratie. Vous ne pouvez pas le résoudre, nous disent-ils, tandis que le roi constituait un organe naturel chez lequel ce conflit était supprimé, ce qui assurait le règne du bien public. (1)

Nous avons donc exclusivement à trouver la solution de ce conflit quand il existe, et pas du tout à déterminer les cas dans lesquels il éclate. Quand il ne se produit pas, l'objection contre la démocratie n'existe pas, plus on le restreint plus on proclame facile la réalisation de la démocratie; est-ce le résultat auquel M. Barbier veut aboutir en nous faisant cette chicane ?

C'est pourquoi nous nous bornons à indiquer notre solution du conflit sans déterminer son plus ou moins de fréquence. Marc Sangnier ne fait pas autre chose, lui non plus, et lorsqu'il écrit : *De même la prospérité d'une famille pourra être contraire à celle de la Patrie, le profit d'un métier ou d'une profession à celui de l'ensemble des autres professions,* on se demande comment M. l'abbé Barbier peut citer cette

1). Pour le dire en passant, la raison comme l'histoire prouvent que cette assertion est fausse et que le conflit peut exister même dans l'âme d'un roi.

phrase, en la soulignant, pour en tirer la preuve que le président du Sillon prêche l'existence d'un conflit fondamental et universel entre l'intérêt général et l'intérêt particulier. C'est un nouveau contre-sens ajouté à beaucoup d'autres.

C'est d'ailleurs grâce à un contre sens général, que s'est élevé tout ce débat, puisque M. Barbier démolit, en prétendant nous combattre, une théorie qui ne fut jamais la nôtre.

« En second lieu, dit-il en effet, le raisonnement par lequel M. Marc Sangnier résout l'identification de l'intérêt particulier avec l'intérêt général révèle d'autres confusions non moins étranges sur des points fondamentaux. Il fallait les signaler, chez ce grand promoteur d'un nouvel ordre chrétien En le suivant pas à pas, j'ai fait voir le sophisme énorme par lequel il substitue l'ordre surnaturel à l'ordre naturel, et combien il est faux que la grâce ou l'influence du Christ identifie l'intérêt particulier naturel avec l'intérêt général de la société ; car c'est conclure d'une fin surnaturelle commune à une identité d'intérêts naturels, raisonnement qui confond la fin naturelle de l'homme avec sa fin surnaturelle, la fin naturelle de la société avec la fin dernière de toute chose, le règne de Dieu, et l'intérêt temporel avec l'intérêt éternel.»(1)

1) Le Sillon... Qu'a-t-il répondu ? page 20.

Après avoir reproduit " Au Large ! " sur cette question, M. Barbier approuvait ma théorie mais ajoutait que ce n'était pas celle de Marc Sangnier. A mon tour je m'associe au blâme qu'il dirige contre la doctrine exposée dans les lignes qui précèdent, mais en ajoutant que si ce n'est pas ma doctrine, puisqu'elle est en contradiction formelle avec les passages de " Au Large ! ", ce n'est pas davantage celle de Marc Sangnier.

Où M. Barbier a-t-il vu que le président du Sillon enseigne que le Christianisme *confond l'intérêt particulier* **naturel** avec l'intérêt général ?

Il aurait pu au contraire, lire que le Christianisme *identifie l'intérêt particulier* **surnaturel** avec l'intérêt général puisque l'intérêt particulier surnaturel de tout homme est d'accomplir son devoir, par conséquent d'immoler ses penchants égoïstes, lorsque l'intérêt général du pays exige ce sacrifice. Voilà ce qu'on rencontre sous la plume de Marc Sangnier. C'est une doctrine très claire et très orthodoxe, on y chercherait en vain des « confusions étranges.» Ne sont-elles pas plutôt dans l'interprétation fantaisiste que M. Barbier donne de cette doctrine si claire, si exacte, si orthodoxe ?

LE SILLON
& LA DÉMOCRATIE CHRÉTIENNE

« Vous avez beau jeu, nous dit M. Barbier, à vous élever contre cette prétention supposée de vous refuser le droit d'être démocrate chrétien ET démocrate tout court ; mais celui que vous devriez réclamer, pour justifier l'attitude du Sillon dont j'ai apporté cent exemples, serait le droit d'être démocrate tout court EN TANT QUE, EN QUALITÉ DE démocrate chrétien. » (1)

Prenons toujours acte du droit qu'on nous reconnaît enfin d'être à la fois démocrates chétiens et démocrates tout court. On aurait pu douter de ces bonnes dispositions après le chapitre sur le Sillon et la Démocratie, après y avoir vu flétries « les réalités funestes » auxquelles ce vocable répond.

Mais cet aveu n'autorise pourtant pas notre contradicteur à jouer sur les mots. Que veut-il dire lors-

1) pages 35 et 36.

qu'il soutient que nous nous proclamons démocrates tout court, en tant que, en qualité de démocrates chrétiens ?

Le Pape en légitimant la démocratie chrétienne et en la présentant à tous les fidèles comme une conséquence de l'Evangile a très nettement précisé qu'on ne devait pas faire entrer d'idées politiques dans son concept pour la très excellente raison que l'Eglise laisse la plus entière liberté sur ce point à tous ses enfants, et qu'on ne peut en conséquence inclure des opinions politiques dans une conception devenue le patrimoine commun des fidèles, dont on n'a plus désormais le droit de faire le monopole d'une secte, d'une école ou d'un parti.

Ces dispositions très sages ont été scrupuleusement observées au Sillon, et personne ne pourrait citer une seule ligne dans laquelle nous soutiendrions que nos idées démocratiques peuvent être imposées comme une déduction du catholicisme. M. Barbier lui-même a cité dans sa brochure des phrases où nous condamnons formellement cette prétention d'utiliser le prestige doctrinal de l'Eglise en faveur d une cause politique. Quand il insère dans sa brochure à la page 21 le passage suivant extrait de " Au Large ! ", « Nous croyons que toutes les formes politiques et sociales sont licites, que l Eglise n'en commande et n'en interdit aucune, qu'il appartient aux citoyens de choisir entre elles dans la plénitude de leur indépendance.» on se demande grâce à quelle méprise il peut écrire à la page 39 que nous allons «jusqu'à identifier la religion et le christianisme avec notre mouvement démocratique républicain, par mille formules aussi fausses qu'empathiques »

Nous n'avons jamais confondu la religion avec la démocratie, parce que nous croyons précisément qu'on n'a pas le droit d'unir indissolublement l'Eglise à une forme politique quelconque, et puisque M Barbier veut bien reconnaître cela, puisqu'il veut bien dire que le bonapartiste et le royaliste n'ont pas plus que nous « le droit de solidariser l'influence ou les intérêts de la religion avec ceux de leur politique, » (1) puisqu'il se déclare prêt à réprouver chez eux ces tendances si elles s'y manifestent, qu'il laisse tout de suite le Sillon en paix sur ce point, et qu'il parte en guerre contre ceux qui ont maintes fois essayé et qui essayent encore de lier indissolublement « le trône et l autel » au risque d'écraser l'autel sous les débris du trône.

C'est donc dans la plenitude de notre indépendance civique que nous sommes républicains. Nous sommes démocrates tout court, *et* démocrates chrétiens, ce que M. Barbier proclame comme tout-à-fait légitime

1) Page 37.

et tout-à-fait orthodoxe. Nous ne sommes pas démocrates tout court, en tant que, en qualité de démocrates chrétiens, car nous reconnaissons très volontiers qu'on peut être démocrate chrétien et ne pas être pour cela démocrate tout court.

Mais nous entendons bien n'être pas obligés de dédoubler notre personnalité, n'être pas contraints de mettre d'un côté notre qualité de démocrate et d'un autre côté notre qualité de chrétien. Il faudrait pourtant en finir une bonne fois avec ce vieux libéralisme qui s'obstine à enfermer les convictions religieuses dans l'intimité des consciences et à leur interdire de se manifester dans la vie publique et d y exercer une influence sur les pensées et l'attitude des hommes. Nous revendiquons très haut le droit de nous servir de nos croyances chrétiennes pour éclairer nos opinions de démocrates tout court, et d utiliser la vie surnaturelle qui est en nous pour réaliser une république meilleure. En revendiquant cela nous ne prétendons pas confondre le christianisme avec nos opinions et le solidariser avec notre politique, nous nous refusons simplement à faire abstraction de ses enseignements et de son secours dans nos luttes sociales.

Nous estimons d'ailleurs qu'un monarchiste catholique a le même droit ou mieux le même devoir que nous. Il ne peut pas imposer son royalisme au nom de la foi, mais sa conception monarchique éclairée par l'Eglise, sera différente de celle d'un monarchiste païen, et sa réalisation monarchique ne devra pas, non plus, être la même que celle d'un royaliste libre-penseur.

De même, nous croyons aussi que notre démocratie ne peut, ni dans sa conception, ni dans sa vie, se confondre avec celle des anarchistes et des athées, et qu'affirmer notre droit d'utiliser les lumières de la foi et les forces surnaturelles pour la transformer, ce n'est pas tout-à-fait la même chose que de la présenter comme la conclusion nécessaire des dogmes de l'Eglise, comme le terme normal où doivent aboutir fatalement les maximes de l'Evangile.

LE SILLON ET LA POLITIQUE

Le reproche qu'on nous adresse de *confondre* la religion et la politique ressemble étrangement au grief qu'on nous fait d'être démocrates tout court en tant que démocrates chrétiens. Nous devons donc y faire une réponse identique, et il nous suffirait de répéter ici que nous séparons au contraire très nettement nos opinions politiques de nos convictions religieuses, que nous ne les présentons pas du tout comme une conséquence des dogmes, mais que nous réclamons très énergiquement le droit de nous servir pour leur élaboration et leur mise en pratique des clartés et des énergies que l'Eglise nous apporte.

Toutefois, il n'est pas inutile de relever deux accusations accessoires qu'on nous jette au cours de ce chapitre. On veut bien y reconnaître que nous usons d'un droit en nous abstenant pour le moment de l'action électorale, mais on critique vertement un des motifs pour lesquels nous restons à l'écart. « Pourquoi, nous demande-t-on à ce sujet, serait-il nécessaire de vous faire pardonner votre qualité de catholique? »(1)

1) page 41.

Mais tout simplement parce que l'attitude que prend aujourd'hui M. l'abbé Barbier a été pendant trop longtemps celle d'un grand nombre de catholiques. Comme lui, ils se sont montrés hostiles aux légitimes aspirations du peuple, ils ont combattu avec une âpre violence, au nom de l'orthodoxie, toutes les tendances démocratiques, solidarisant ainsi, aux yeux des foules, les dogmes religieux avec les préjugés réactionnaires.

Aussi, dans presque toutes les circonscriptions de France, les candidats se réclament d'un vague libéralisme et n'osent pas ouvertement se déclarer catholiques. Il ne nous convient pas de dissimuler ainsi nos croyances, et c'est pourquoi, nous laissons à d'autres la tâche de descendre dans l'arène électorale, attendant pour y entrer nous-mêmes qu'on puisse s'y montrer chrétien sans courir au-devant d'un désastre. Si ce lamentable état de choses peut justifier des reproches, n'est-ce pas à nous plutôt qu'il appartient de les formuler en nous plaignant que la conduite de M. Barbier et de ses amis ait créé aux catholiques de France une si déplorable situation ?

Seulement il paraît que nous n'avons pas le droit de dire cela, car s'il est très légitime de nous critiquer et de nous regarder comme des hérétiques ou à peu près, on ne peut rien concevoir de plus affreux que de ne pas présenter comme des types accomplis du catholicisme, les conservateurs à la Cassagnac, qui se battent en duel, ou les grands seigneurs qui traînent leur oisiveté sur les pelouses des champs de course ou dans les casinos. « ... c'est une impardonnable témérité d'incriminer avec autant de violence que d'injustice devant les classes populaires ou en présence des ennemis communs de notre foi, les catholiques appartenant aux hautes classes. » (1) Le Christ, pourtant, agissait ainsi. Il flétrissait les pharisiens qui étaient les mauvais conservateurs de l'époque, et cachaient comme ceux d'aujourd'hui, sous le respect extérieur des pratiques de la religion, la violation de ses préceptes les plus urgents, la méconnaissance de son esprit. Et comme ce pouvait être là une source de scandales, le Divin Maître, si doux pour les pécheurs, si disposé à se mêler aux publicains, si prompt à pardonner au repentir de Marie-Madeleine, lançait de vigoureux anathèmes contre les docteurs d'Israël. Saint Paul n'agissait pas autrement ; il recommandait aux fidèles de se séparer des chrétiens prévaricateurs dont l'exemple pouvait exercer une séduction sur eux, tandis qu'il leur permettait de fréquenter les païens, parceque, si les fidèles pouvaient essayer de convertir ces derniers, ils ne couraient pas le risque d'être eux-mêmes tentés de marcher sur leurs traces, en les prenant pour les modèles de leur idéal religieux.

(1) Le Sillon .. Qu'a-t-il répondu ? page 46.

Dire que ceux qui ne sont ni justes, ni chastes, ni laborieux, ni dévoués ne personnifient pas l'esprit du christianisme, c'est rappeler la plus salutaire des vérités. Les mauvais catholiques font plus de mal que les persécuteurs, ils sont une cause de scandale pour les simples, et les écartent de la foi.

M. Barbier fréquente peut-être un peu trop les catholiques de ce genre et pas assez les masses prolétariennes. S'il allait, comme nous, se mêler aux foules, si, au sortir d'une conférence contradictoire il s'attardait à causer avec les auditeurs, bien vite il s'apercevrait qu'on ne nous objecte presque jamais nos dogmes, ni même notre morale, si gênante soit-elle pour les passions, mais qu'on nous jette à la tête les prêtres heureusement fort rares qui déshonorent le sacerdoce, et les bourgeois beaucoup plus nombreux qui défigurent le christianisme, en unissant dans leur vie, les plus saintes pratiques de son culte aux cupidités du monde, aux voluptés du paganisme, aux vices les plus déshonorants.

Séparer le Christ de toutes ces vilenies, arracher l'Eglise à ces compromissions, nous paraît donc être une œuvre de haute salubrité morale. C'est un grand honneur pour Marc Sangnier d'avoir eu le courage de l'entreprendre.

LE SILLON ET L'APOLOGIE DU CATHOLICISME

Il n'y a pas d'apologétique du Sillon, par conséquent tout le chapitre que M. Barbier consacre à ce sujet porte à faux. Quand bien même les accusations qu'il y formule seraient fondées, elles ne prouveraient rien contre le Sillon ; elles démontreraient tout au plus que certains sillonistes ont manqué de talent ou de précision dans la défense de leur foi, que par un zèle mal éclairé, ils se sont laissés entraîner à des concessions dangereuses, et ce serait tout. On en pourrait déduire le motif d'un blâme personnel pour ceux qui auraient mérité ces reproches, on n'en pourrait rien conclure contre le Sillon Les sillonistes sont *catholiques*, et par conséquent ils doivent défendre leur foi lorsqu'elle est attaquée devant eux. Chacun s'acquitte de ce devoir avec son tempérament propre, ses connaissances intellectuelles, son courage et son talent, c'est-à-dire que les uns apportent dans cet apostolat une incomparable supériorité, que d'autres s'y montrent peut-être tout-à-fait inférieurs. Le Sillon n'est pas plus engagé dans ces débats que l'idée monarchiste par les arguments ou l'attitude que prennent des royalistes catholiques lorsqu'ils défendent leur religion. Parmi ces derniers les uns ont la riposte décisive, les autres l'ont tout-à-fait pitoyable. C'est pure question personnelle et il ne viendra à l'esprit de personne de dire dans le premier cas que l'apologétique royaliste est excellente, et dans le second qu'elle est détestable. Il n'y a pas plus d'apologétique royaliste qu'il n'y a d'apologétique du Sillon. Il y a la vieille et traditionnelle apologétique de l'Eglise dont nos camarades se servent lorsqu'ils se trouvent dans l'occasion de justifier leur credo, chacun choisissant dans cette apologétique ce qui lui semble le meilleur, et en usant avec plus ou moins d'à propos suivant qu'il a lui-même plus ou moins de valeur intellectuelle.

Nous ne dirons jamais que le Sillon s impose à tous les catholiques parce que l'un ou l'autre de ses membres aura écrit une page magnifique ou prononcé un éloquent discours pour la défense de la foi. Nous constaterons sans doute avec joie ce mérite d'un de nos camarades, mais il ne nous viendra jamais à la pensée d'en tirer un argument pour démontrer la valeur de nos doctrines sociales. Elles ont par elles-mêmes leur valeur et on ne peut rien conclure en leur faveur des services rendus par quelques-uns des nôtres dans le champ de l'apologie du catholicisme, mais on n'est pas davantage en droit de tirer argument contre elles des maladresses ou des erreurs que d'autres peuvent commettre.

Ces erreurs et ces maladresses ne sont d'ailleurs pas fréquentes, puisque M. Barbier n'en trouve pas de preuves meilleures que certains articles parus en 1899, et désavoués dès cette époque par Marc Sangnier. Il semblait déjà assez étrange que M. Barbier ait cru pouvoir faire état d'un semblable argument dans sa première brochure, il semble plus surprenant qu'il le maintienne dans la seconde, et il faut vraiment qu'il soit bien à court de bonnes raisons pour en agir ainsi.

« Est-ce que le Sillon d'aujourd'hui renie le Sillon d'alors ? » (1) nous répond-t-il triomphalement pour maintenir son raisonnement. Mais pas le moins du monde, parce que le Sillon d'alors a justement rejeté, par la plume de Marc Sangnier, ces propositions hasardées et que nous restons par conséquent dans ses meilleures traditions en continuant de les rejeter

(1) page 50.

aujourd'hui.

Il faut donc répéter une fois de plus qu'en matière de théologie, d'Ecriture Sainte, d'apologétique, il n'y a pas de doctrine du Sillon, il y a la doctrine de l'Eglise que le Sillon accepte intégralement, dont il s'inspire pour éclairer ses opinions sociales, et que ses membres utilisent pour défendre leur foi. Toutefois le Sillon emploie avec prédilection une méthode de propagande : celle des réunions contradictoires, que l'Eglise a soumise à des règles très strictes et dont elle a interdit l'usage en dehors d'une autorisation épiscopale.

Ici, il faut distinguer. L'Eglise ne permet pas d'organiser, sans autorisation épiscopale, des controverses avec les hérétiques, parce qu'il serait dangereux de laisser le premier venu se poser en défenseur des dogmes, et compromettre nos croyances dans l'âme des auditeurs par son ignorance, ses maladresses ou ses témérités. L'évêque doit être juge de la prudence et de la compétence de ceux qui veulent représenter le christianisme dans de tels débats.

Mais l'Eglise n'a jamais interdit les conférences politiques et sociales, et la plupart du temps ce sont des sujets de ce genre qu'abordent nos amis. Quand, par exemple, ils exposent comment ils comprennent la démocratie, et quand ils prouvent que le christianisme, loin d'être un obstacle à sa réalisation, est au contraire pour elle un merveilleux adjuvant, ils ne traitent pas du tout une question théologique ou religieuse. Ils ne démontrent pas, en effet la vérité du catholicisme, ils constatent un de ses résultats sociaux, absolument comme nous constatons tous que le mahométisme développe le fanatisme militaire de ses adeptes, sans avoir besoin pour cela de croire qu'il est vrai, et de faire une étude critique de son histoire ou de sa dogmatique. Dans des cas de ce genre, les conférences contradictoires n'ont donc rien de commun avec les controverses contre les hérétiques et ne sont pas soumises par conséquent aux règles édictées pour ces dernières. Quant aux conférences qui, par leurs circonstances ou leur nature, tombent sous la prohibition ecclésiastique, le Sillon professe que l'autorisation doit être demandée, et si quelque sillonniste omet de le faire, il a incontestablement tort. Qu'on le lui reproche donc, mais comme une faute personnelle, et qu'on n'aille pas incriminer le Sillon, comme si le Sillon préconisait l'organisation de réunions contradictoires en dehors des règles posées par l'Eglise. Le Sillon aime passionnément ce mode d'apostolat, mais à condition qu'il soit pratiqué conformément aux prescriptions de l'Eglise J'ajoute pour tranquilliser complètement M. Barbier, qu'à ma connaissance, beaucoup de nos camarades sont munis des. permissions nécessaires, et si M. Barbier l'ignore c'est que nos camarades n'ont pas jugé indispensable de l'en prévenir, ce qui n'est pas très surprenant.

*
* *

En terminant ce chapitre il est bon de relever une chicane assez peu justifiée faite à l'abbé Desgranges. C'est à propos d'un article de Jean Lionnet appréciant le personnage du Christ dans une tragédie intitulée : *Le nouveau Christ*. M. Barbier mettait cette appréciation au compte du Sillon, en l'appliquant au Christ historique et réel, et il s'indignait justement de la façon dont la personne et le rôle du Divin Maître s'y trouvaient rapetissés. L'abbé Desgranges ayant reproduit cette citation, se contenta de remarquer que Jean Lionnet avait apprécié un personnage de tragédie et qu'il était profondément injuste de présenter cette critique d'un rôle dramatique comme la pensée de nos camarades sur N. S. J. C. M. l'abbé Barbier s'indigne à son tour, et accuse l'abbé Desgranges d'avoir tronqué son texte parce qu'il n'a pas reproduit la référence dans laquelle M. Barbier indiquait bien que l'article en question de Jean Lionnet était la critique d'une tragédie.

Cette rectification ne rectifie rien du tout, car de deux choses l'une : ou M. Barbier prenait réellement l'article de Jean Lionnet pour l'appréciation d'un rôle de tragédie, et alors, il n'avait pas le droit d'en tirer la plus légère observation à notre adresse, car enfin on ne peut pas apprécier un personnage de drame autrement que l'auteur ne l'a fait ; ou M. Barbier voyait dans cette appréciation, notre conception du rôle et du caractère du Christ, ce qui justifiait ses reproches, mais alors l'abbé Desgranges ne trahissait pas sa pensée et ne tronquait pas son texte (même en supprimant par raison de brièveté ce qui n'était plus qu'une simple référence bibliographique) en lui faisant remarquer qu'il n'avait pas le droit de transformer ainsi la critique d'un personnage de drame, en la présentant comme l'expression de l'idée qu'on avait au Sillon de la personne et de la mission du Rédempteur.

LE SILLON ET LE SOCIALISME

M. l'abbé Barbier reconnait au début du chapitre qui porte ce titre qu'on ne peut accuser le Sillon de professer un socialisme condamné par l'Eglise, il ajoute même qu'il ne nous accuse pas d'être pour un socialisme mitigé qui pourrait, à la rigueur, se concilier avec l'orthodoxie.

« L'exposition faite par M. l'abbé Gayraud d'un socialisme mitigé, qu'il estime ne pas être directement condamné par les encycliques pontificales, et les restrictions que cette forme de socialisme met au système collectiviste, m'ont paru utiles à connaître, comme je l'ai dit, pour comprendre le terrain sur lequel le Sillon cherche la conciliation avec les socialistes, car les points de rapport sont visibles, et expliquer qu'il puisse le faire sans être formellement en dehors de la doctrine catholique. Encore, ajoutais-je, et c'était le sens précis de ma phrase, que je n'entendais pas imputer ce socialisme, même mitigé au Sillon et à son chef. » (1)

Nous pourrions nous contenter d'enregistrer cet

1) Page 57.

aveu et de conclure que l'orthodoxie de nos conceptions sociales étant reconnue, même par nos adversaires, nous n'avons pas à nous soucier beaucoup de ce qui n'est plus que l'opinion personnelle de M. Barbier. Toutefois, comme les motifs pour lesquels on déclare notre œuvre anti-sociale, impolitique et dangereuse ne manquent pas de saveur, il est intéressant de les reproduire in-extenso.

« Oui, anti-sociale, impolitique et dangereuse parce que le Sillon condamne la société actuelle à disparaître, et ne fait pas moins bon marché de la patrie ; parce qu'il considère seulement dans le socialisme la passion antireligieuse et refuse d'y voir l'erreur sociale; parce que qu'il défend mal le principe de la propriété privée ; parce qu'il attise les rancunes populaires contre les personnes de condition élevée; parce qu'il fait miroiter imprudemment, aux yeux des prolétaires, la suppression du patronat et du capitalisme ; parce qu'il refuse sa sympathie aux syndicats jaunes qui cherchent la conciliation entre les patrons et les salariés pour faire des avances aux syndicats rouges, instruments de la révolution sociale ; parce que sous prétexte d'égalité chrétienne, il prêche le nivellement des classes. » (1)

1) Le Sillon .. Qu'a-t-il répondu ? page 58.

Ce réquisitoire ne nous épouvante pas beaucoup. L'auteur aurait sans doute quelque embarras à en justifier tous les articles. Peut-être éprouverait-il quelque peine à démontrer que nous prêchons la haine des classes élevées, nous qui voulons l'union et la pénétration des classes par l'amour, que nous sommes les apôtres du nivellement, nous qui proclamons la nécessité fondamendale des élites, que nous admirons les syndicats rouges, nous qui réclamons que les syndicats s'abstiennent de politique pour être exclusivement professionnels. Quant à la propriété et à la patrie, nous croyons, en toute sincérité et en toute modestie, les mieux défendre, en parlant de leurs devoirs, qu'en rééditant les vieux arguments et les axiomes féroces des légistes païens. Pour ce qui est du salariat et du capitalisme, nous ne faisons évidemment pas un dogme de leur éternité, nous pensons qu'ils pourront disparaître comme d'autres formes économiques ont déjà disparu, nous le disons, comme beaucoup l'ont dit avant nous, entre autres Mgr d'Hulst qu'on fera difficilement passer pour un révolutionnaire, et il ne nous semble pas que nous commettions un crime en déclarant ainsi que le catholicisme ne peut pas être indissolublement attaché à des organismes périssables. Enfin nous voulons charitablement supposer que M. Barbier ne connaît pas très bien la question des syndicats jaunes, sans quoi il ne verrait pas une présomption de socialisme dans le fait de ne pas leur être sympathique.

CONCLUSION

Nous n'avons pas la prétention d'être infaillibles ou impeccables, et nous ne disons pas qu'on ne pourra jamais signaler ni une erreur dans le langage de nos camarades, ni une faute dans leur conduite. Nous croyons d'ailleurs qu'il n'y a pas en France un seul groupement catholique, et j'ajouterais même qu'il n'y a pas dans le monde un seul groupement humain qui ne soit, à cet égard, logé à la même enseigne que nous.

Si donc on veut à toute force chercher la petite bête nous sommes tout les premiers convaincus qu'on finira par la trouver. Ce sera une besogne bien inutile, même mauvaise et nous ne rendrons pas la pareille.

Ce que nous affirmons donc pour conclure cette réplique, c'est qu'on n'a pas trouvé et qu'on ne trouvera pas une seule affirmation contraire aux enseigne-gnements de l'Eglise, dans ce qui constitue vraiment la doctrine du Sillon, le patrimoine commun de tous nos camarades. Ce que nous proclamons en outre très haut, c'est que, loin d'être impolitique et anti-sociale notre œuvre nous paraît merveilleusement adaptée aux nécessités de l'heure présente.

Ce que nous constatons aussi, c'est que le Sillon a été pour beaucoup de jeunes âmes un principe d idéal, une source d'énergie qui a fait germer sur notre vieux sol toute une chevalerie nouvelle, et qui a suscité pour le Christ des enthousiasmes assez forts pour transformer complétement des consciences, assez solides pour orienter des vies entières.

—:- Poitiers. — Imp. du Sillon Poitevin -:—

www.ingramcontent.com/pod-product-compliance
Ingram Content Group UK Ltd.
Pitfield, Milton Keynes, MK11 3LW, UK
UKHW020442230726
13925UKWH00004B/1779

9 782019 187422